¿LO RECUERDAS?

EJERCITA LA MEMORIA
Y ALEGRA TU ♥

Impresión y editorial: BoD – Books on Demand

info@bod.com.es – www.bod.com.es

Impreso en Alemania – Printed in Germany

ISBN: 9788411741088

Este libro pertenece a esta maravillosa persona:

_____

1. ¿QUIÉN CANTABA 'YO SOY EL ZORRO, ZORRO, ZORRITO, PARA MAYORES Y PEQUEÑITOS...'?

2. ¿CÓMO SIGUE LA CANCIÓN? "QUEREMOS QUINA SANTA CATALINA....

3. ¿TE ACUERDAS DE CÓMO ESTUDIABAS GEOGRAFÍA EN LA ESCUELA? ¿CÓMO CONTINÚA ESTA FRASE: «ESPAÑA LIMITA AL NORTE CON EL MAR CANTÁBRICO Y LOS MONTES PIRINEOS QUE LA SEPARAN DE FRANCIA, AL ESTE CON EL MAR MEDITERRÁNEO...

¡Comprueba si has acertado en la siguiente página!

1. PEPE IGLESIAS 'EL ZORRO'.

JOSÉ ÁNGEL IGLESIAS SÁNCHEZ, CONOCIDO ARTÍSTICAMENTE COMO PEPE IGLESIAS «EL ZORRO». ¿LO ESCUCHABAS? ¿QUÉ RECUERDOS TE TRAE?

2. QUE ES MEDICINA Y ES GOLOSINA...

¿TE DABAN QUINA CUANDO ERAS PEQUEÑO/A? ¿TE GUSTABA EL SABOR?

3. ...AL SUR CON EL MISMO MAR Y EL ES-
TRECHO DE GIBRALTAR, Y AL OESTE CON
EL OCÉANO ATLÁNTICO Y PORTUGAL».

4. ¿QUÉ ACTOR INTERPRETABA A "EL ESTUDIANTE" EN LA SERIE CURRO JIMÉNEZ?

5. ¿CÓMO SE LLAMABA EL PERSONAJE PRINCIPAL DEL SERIAL RADIOFÓNICO "AMA ROSA"?

¡Comprueba si has acertado en la siguiente página!

COLOREA :)

4. PEPE SANCHO.

NACIDO EN VALENCIA EN 1944, PEPE SANCHO FUE UN ACTOR QUE A LO LARGO DE 50 AÑOS, COMPAGINÓ TRABAJOS EN TEATRO, CINE Y TELEVISIÓN.

5. ROSA ALCÁZAR.

¿RECUERDAS SU HISTORIA?
UNA VIUDA QUE ANTE UNA MUERTE INMINENTE DECIDE DAR A SU HIJO EN ADOPCIÓN. LO DEJA EN MANOS DE UNA FAMILIA ADINERADA, LOS DE LA RIVA, UNA PAREJA QUE ACABABA DE PERDER A SU BEBÉ. EL MÉDICO, ROSA, Y EL MARIDO DE LA MUJER DECIDEN MANTENER ESTA ADOPCIÓN EN SECRETO A FIN DE QUE LA MUJER NO SE ENTERE DE QUE ACABA DE PERDER A SU HIJO AL DARLO A LUZ. A CAMBIO, ROSA ES

CONTRATADA COMO "AMA" DE LA CASA, Y PODRÁ VER A SU HIJO TODOS LOS DÍAS, CON LA CONDICIÓN DE QUE NUNCA DESVELE LA IDENTIDAD DE LA MADRE. AMA ROSA FINALMENTE NO MUERE, Y DURANTE TODO ESTE TIEMPO TIENE QUE AGUANTAR LOS DESPRECIOS DE SU HIJO, UN JOVEN ADINERADO Y MALVADO, QUE LA TRATA COMO UNA SIRVIENTA. NO SERÁ HASTA EL FINAL DEL SERIAL, CUANDO EL JOVEN ESTÉ EN SU LECHO DE MUERTE CUANDO DESCUBRA QUE AMA ROSA ES EN REALIDAD SU MADRE. ¿ESCUCHABAS ESTE SERIAL? ¿TE GUSTABA?

6. ¿A QUÉ CARISMÁTICO MÚSICO SE LE CONOCÍA COMO EL REY DEL ROCK?

7. ¿RECUERDAS A QUÉ JUEGOS SE JUGABA EN LA CALLE EN AQUELLA ÉPOCA?

8. UNE LAS PAREJAS:

LOLA   PRATS

LAURA   FLORES

RODOLFO   GARBO

MATIAS   VALENTINO

GRETA   VALENZUELA

¡Comprueba si has acertado en la siguiente página!

6. ELVIS PRESLEY.

NACIDO EN ESTADOS UNIDOS Y FAMOSO TANTO POR SU INIGUALABLE VOZ COMO POR SUS MOVIMIENTOS DE CADERA. ¿BAILASTE ALGUNA CANCIÓN SUYA? ¿LAS PONÍAIS EN VUESTROS GUATEQUES?

7. AQUÍ NO HAY RESPUESTAS ACERTADAS O INCORRECTAS PERO ALGUNOS JUEGOS ERAN: LA COMBA, LA GOMA, LAS CANICAS, EL FÚTBOL, POR SUPUESTO, LA RAYUELA, LAS CHAPAS, LA PÍDOLA....

8. PAREJAS

LOLA — PRATS

LAURA — FLORES

RODOLFO — GARBO

MATIAS — VALENTINO

GRETA — VALENZUELA

Lo que hagas en la vida, tendrá eco en la eternidad.

9. ¿CÓMO SE LLAMABA LA REVISTA OFICIAL DE RTVE SOBRE LA PROGRAMACIÓN DE TELE Y DE RADIO?

10. SI TE DIGO BAZOOKA, PIRULÍ O CAÑADÚ ¿DE QUÉ ESTOY HABLANDO?

¡Comprueba si has acertado en la siguiente página!

11. PAN, ACEITE Y AZÚCAR ERA UNA MERIENDA MUY HABITUAL EN LOS AÑOS 50. ¿QUÉ TE DABAN NORMALMENTE A TI PARA MERENDAR?

9. TELE-RADIO.

AL PRINCIPIO (1958) SE LLAMÓ "TELE-DIA-RIO". EN 1960 YA FUE BAUTIZADA COMO "TELE-RADIO" HASTA EL AÑO 1986, FECHA EN LA QUE PUSO FIN A SU PUBLICACIÓN. ¿ALGUNA VEZ LA TUVISTE EN CASA?

10. DE GOLOSINAS.

¿A QUÉ NIÑO NO LE GUSTAN LAS GOLOSINAS? ¿CUÁLES ERAN TUS FAVORITAS?

11. TUS RECUERDOS SON LA RESPUESTA ACERTADA :)

COLOREA :)

12. SI TE DIGO : PEDRO PABLO AYUSO, MATIL-
DE CONESA, TEÓFILO MARTÍNEZ, MATILDE
VILARIÑO, JULIO VARELA, MARIBEL ALONSO,
JUANA GINZO, LUIS DURÁN, ALFONSO GALLAR-
DO, PABLO SANZ... ¿QUÉ DIRÍAS QUE SON?

13. "A LA ZAPATILLA POR DETRÁS, TRIS-TRAS.
NI LA VES NI LA VERÁS, TRIS-TRAS...
¿CÓMO SIGUE LA CANCIÓN DE ESTE JUEGO?

14. ¿EN QUÉ CONSISTÍA EL JUGUETE MECCANO?

15 ¿EN QUÉ CONSISTÍA EL CONCURSO RA- DIOFÓNICO: "¿ES USTED BUEN DETECTIVE?"

¡Comprueba si has acertado en la siguiente página!

12. SON ACTORES RADIOFÓNICOS.

SON LAS VOCES INCONFUNDIBLES DEL CUADRO DE ACTORES DE RADIO MADRID. ¿CUÁL ERA TU PREFERIDO/A?

13. MIRAR PARA ARRIBA, QUE CAEN JUDÍAS. MIRAR PARA ABAJO, QUE CAEN GARBANZOS. ¡A DORMIR, A DORMIR, QUE VIENEN LOS REYES MAGOS!
OTRA VERSIÓN TERMINABA ASÍ: ¡A CALLAR, A CALLAR, QUE EL DIABLO VA A PASAR!

¿CÓMO LA TERMINABAS TÚ?

14. TRAÍA PIEZAS METÁLICAS CON LAS QUE SE PODÍAN CONSTRUIR COCHES, AVIONES, PUENTES, GRÚAS...

¿TUVISTE UN MECCANO? ¿QUÉ CONSTRUÍAS CON ÉL? SI NO LO TUVISTE, ¿CUÁL FUE TU JUGUETE FAVORITO?

15. SE PONÍA A PRUEBA LA ASTUCIA DE LA GENTE, HABÍA QUE RESOLVER UN ENIGMA POLICÍACO Y ENCONTRAR AL CULPABLE.

¿SEGUISTE ESTE CONCURSO ALGUNA VEZ?

16. PACO GENTO FUE UN FUTBOLISTA MUY FAMOSO EN LOS AÑOS 50, ¿SABES EN QUÉ EQUIPO JUGÓ LA MAYOR PARTE DE SU CARRERA?

17. ¿CUÁL DE ESTAS PELÍCULAS ES DE LUÍS GARCÍA BERLANGA?

- VIRIDIANA.
- PLÁCIDO.
- LA GRAN FAMILIA.

18. UNE LAS PAREJAS:

JULIO	TELLADO
MARILYN	DEGLANÉ
ALFREDO	IGLESIAS
CORÍN	MONROE
BOBBY	LANDA

¡Comprueba si has acertado en la siguiente página!

16. EN EL REAL MADRID.

¿CUÁL ERA TU FUTBOLISTA FAVORITO CUANDO ERAS JOVEN? Y SI NO TE GUSTA EL FÚTBOL ¿ADMIRABAS A ALGÚN/A DEPORTISTA?

17. PLÁCIDO.

¿IBAS AL CINE? ¿CON QUIÉN IBAS? ¿RECUERDAS EL NOMBRE DEL CINE AL QUE MÁS IBAS?

18. PAREJAS:

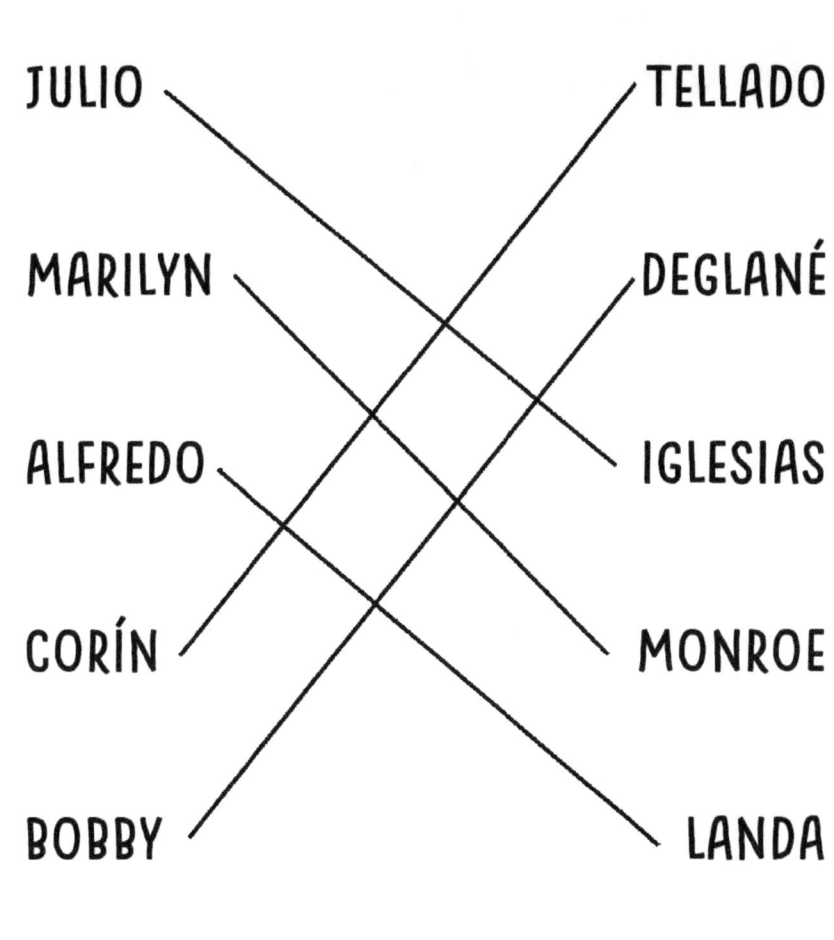

JULIO   TELLADO

MARILYN   DEGLANÉ

ALFREDO   IGLESIAS

CORÍN   MONROE

BOBBY   LANDA

19. ¿CÓMO SIGUE LA LETRA DE ESTA CAN-CIÓN DE JUEGO?

"RATÓN QUE TE PILLA EL GATO,
RATÓN QUE TE VA A PILLAR,

20. ¿CUÁL NO ES UN GRUPO DE MÚSICA?

- LOS BRINCOS.
- LOS PEKENIQUES.
- LOS ROSALES.
- LOS BRAVOS.

21. ¿CÓMO CONTINÚA ESTA FAMOSA EXPRESIÓN: TIENES MÁS CUENTO QUE....

¡Comprueba si has acertado en la siguiente página!

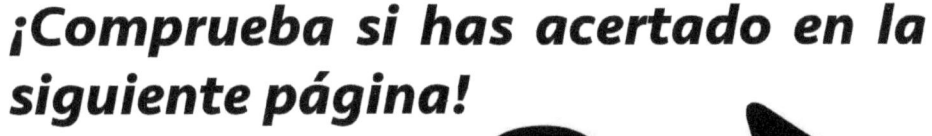

19. ...SI NO TE PILLA ESTA NOCHE, TE PILLARÁ AL MADRUGAR".

¿HAS JUGADO ALGUNA VEZ AL JUEGO "EL RATÓN Y EL GATO"?

20. LOS ROSALES.

¿CONOCES A LOS GRUPOS MENCIONADOS? ¿RECUERDAS ALGUNA DE SUS CANCIONES? ¿QUÉ RECUERDOS TE TRAEN?

21. CALLEJA.

EL DICHO HACE REFERENCIA A SATURNINO CALLEJA FERNÁNDEZ, UN FAMOSO ESCRITOR DE CUENTOS E HISTORIAS DEL SIGLO XIX.
¿HAS UTILIZADO ALGUNA VEZ ESTA EXPRESIÓN? ¿QUÉ OTRAS EXPRESIONES SE UTILIZABAN ENTONCES?

22. ¿SABES CONTINUAR ESTA CANCIÓN? "«LA TELEVISIÓN, PRONTO LLEGARÁ....

23. ¿CUÁL DE ESTAS CANCIONES NO ES DEL DÚO DINÁMICO?

- QUINCE AÑOS.
- TÓMBOLA.
- EL FINAL DEL VERANO.

24. ¿QUIÉN PROTAGONIZÓ LA PELÍCULA "MARCELINO, PAN Y VINO"?

¡Comprueba si has acertado en la siguiente página!

22. ...YO TE CANTARÉ Y TÚ ME VERÁS.».

¿RECUERDAS CUÁNDO LLEGÓ LA TELEVISIÓN A TU CASA? ¿QUÉ RECUERDAS DE AQUEL DÍA?

23. TÓMBOLA.

¿TE GUSTABA EL DÚO DINÁMICO? ¿CUÁL ERA TU CANCIÓN PREFERIDA?

24. PABLITO CALVO.

PABLO CALVO HIDALGO, MÁS CONOCIDO COMO PABLITO CALVO (MADRID, 1949 - ALICANTE, 2000), FUE UNO DE LOS ACTORES INFANTILES ESPAÑOLES MÁS FAMOSOS DE TODOS LOS TIEMPOS.
¿TE GUSTÓ LA PELÍCULA? ¿QUÉ RECUERDOS TIENES DE ELLA?

El futuro pertenece a quienes creen en la belleza de sus sueños.

25. ESPAÑA DEBUTÓ EN EUROVISIÓN EN 1961 CON CONCHITA BAUTISTA ¿RECUERDAS CON QUÉ CANCIÓN?

26. DURANTE LOS AÑOS 60 SE HIZO MUY FAMOSA UNA SERIE DE TERROR DIRIGIDA POR CHICHO IBÁÑEZ SERRADOR, ¿RECUERDAS CÓMO SE LLAMABA LA SERIE?

¡Comprueba si has acertado en la siguiente página!

COLOREA :)

25. "ESTANDO CONTIGO".

CONCHITA BAUTISTA CONSIGUIÓ UN NOVENO PUESTO. MÁS TARDE LA CANCIÓN SERÁ UN GRAN ÉXITO EN LA VOZ DE MARISOL ¿TE INTERESABA EUROVISIÓN? ¿RECUERDAS ALGUNA ACTUACIÓN EN PARTICULAR?

26. "HISTORIAS PARA NO DORMIR".

DONDE SE ESCENIFICABAN RELATOS DE TERROR DE AUTORES CONSAGRADOS COMO RAY BRADBURY O EDGAR ALLAN POE, ASÍ COMO GUIONES ORIGINALES.

COLOREA :)

27. ¿SABES CUÁL FUE EL COCHE MÁS VENDIDO EN ESPAÑA EN LOS AÑOS 60?

- SEAT 127.
- SIMCA 1000.
- SEAT 600.

28. ¿CUÁL DE ESTAS "CHICAS" NO ERA "DE LA CRUZ ROJA"?

- LUZ MÁRQUEZ.
- CONCHITA VELASCO.
- EMMA PENELLA.

29. EN LOS AÑOS 60 EN ESPAÑA ¿ESTABAN LOS COLEGIOS SEGREGADOS POR SEXO?

¡Comprueba si has acertado en la siguiente página!

27. SEAT 600.

TAMBIÉN CONOCIDO POPULARMENTE COMO *SEISCIENTOS, OMBLIGO, PELOTILLA, SEÍLLA O SEÍTA.* ¿TU FAMILIA TUVO UNO? ¿RECUERDAS ALGÚN VIAJE EN COCHE EN ESPECIAL?

28. EMMA PENELLA.

"LAS CHICAS DE LA LA CRUZ ROJA" FUERON ENCARNADAS POR LAS ACTRICES LUZ MÁRQUEZ, CONCHITA VELASCO, MABEL KARR Y KATIA LORITZ. NARRA LA HISTORIA DE CUATRO AMIGAS A LAS QUE LES UNE SU

CONDICIÓN DE VOLUNTARIAS RECORRIEN-
DO MADRID CON UNA HUCHA RECOGIENDO
DONATIVOS PARA LA CRUZ ROJA EL "DÍA DE
LA BANDERITA".

29. **SÍ.**

NIÑAS Y NIÑOS ESTUDIABAN POR SEPARA-
DO. ¿QUÉ PIENSAS DE ELLO HOY EN DÍA?
¿CREES QUE ERA LO CORRECTO O TE HU-
BIESE GUSTADO ESTUDIAR JUNTOS?

30. ¿QUIÉN HIZO POPULAR LA CANCIÓN "MI GRAN NOCHE"?

- CAMILO SESTO.
- RAPHAEL.
- MIGUEL BOSÉ.

31. ¿DE QUÉ TEBEO ERA EL ANUNCIO EN EL QUE UNA NIÑA CANTABA 'PAPÁ, CÓMPRAME UN TEBEO, QUE SINO, LLORO Y PATALEO'?

- TBO.
- SISSI.
- ROBERTO ALCÁZAR Y PEDRÍN.

32. ¿CUÁL DE ESTAS 3 NO ERA UNA ACADEMIA POR CORRESPONDENCIA?

- ESCUELA RADIO MAYMÓ.
- ACADEMIA CCC.
- ACADEMIA GÓMEZ ULLA.

33. SI TE NOMBRO *LOS HERMANOS TONETTI* O *PINITO DE ORO*, ¿QUÉ TE VIENE A LA MEMORIA?

¡Comprueba si has acertado en la siguiente página!

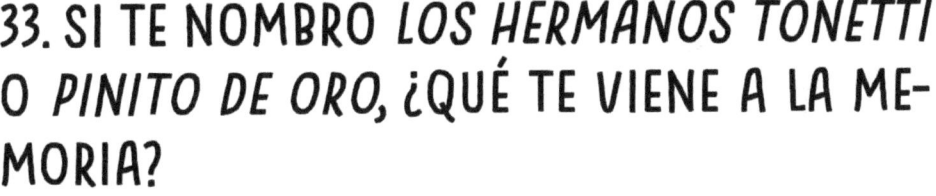

30. RAPHAEL.

COMPUESTA POR SALVATORE ADAMO, LA CANCIÓN FUE POPULARIZADA POR RAPHAEL. ¿TE GUSTABA ESA CANCIÓN? ¿CUÁL ERA TU CANCIÓN FAVORITA CUANDO ERAS JOVEN?

31. TBO.

¿TE COMPRABAN ESE TEBEO? ¿CUÁL ERA TU TEBEO FAVORITO?

32. ACADEMIA GÓMEZ ULLA.

LOS CURSOS POR CORRESPONDENCIA ERAN MUY POPULARES ¿HICISTE ALGÚN CURSO POR CORRESPONDENCIA? ¿CUÁL?

33. EL CIRCO.

¿IBAS MUCHO AL CIRCO? ¿A CUÁL IBAS? ¿QUIÉN ERA TU ARTISTA FAVORITO?

34. "CHAVAL, TOMA VITACAL" ¿LO RECUER-
DAS? ¿QUÉ ERA "VITACAL"?

- UN RECONSTITUYENTE.
- UN BOLLO DE PAN.
- UN SUCEDÁNEO DE CHOCOLATE.

35. ¿A QUÉ CANCIÓN PERTENECE ESTA
LETRA: "IZQUIERDA, IZQUIERDA, DERECHA,
DERECHA, DELANTE, DETRÁS, UN, DOS,
TRES."?

36. ¿QUÉ MARCA PATROCINABA EL SERIAL RADIOFÓNICO "MATILDE, PERICO Y PERIQUÍN"?

- OKAL.
- COLA CAO.
- ZAPATOS GORILA.

37. ¿RECUERDAS CON QUÉ FRASE DICHA POR DON PERICO SOLÍA TERMINAR CADA EPISODIO?

¡Comprueba si has acertado en la siguiente página!

34. UN SUCEDÁNEO DE CHOCOLATE.

POCOS NIÑOS NO ADORAN EL CHOCOLATE, EN AQUELLA ÉPOCA EL CHOCOLATE ERA ALGO CARO, ¿PROBASTE EL "VITACAL"? ¿COLECCIONASTE SUS CROMOS?

35. LA YENKA.

FUE LA CANCIÓN DEL VERANO EN 1965. ¿LA BAILASTE? ¿QUÉ RECUERDOS TE TRAE?

36. COLA CAO.

EL SERIAL COMENZÓ A EMITIRSE EN 1955, TUVO UN ENORME ÉXITO, LO QUE LE PERMITIÓ MANTENERSE EN LAS ONDAS ¡DURANTE 16 AÑOS!
¿LO ESCUCHABAS? ¿RECUERDAS EL IMPACTO QUE TUVO EN ESPAÑA?

37. "PERIQUÍN GUAPO, VEN AQUÍ...!"

el secreto de la felicidad está en contar las bendiciones, no los cumpleaños.

38. ¿EN QUÉ BAÚL BUSCABA LA CANTANTE KARINA?

39. ¿CUÁL DE ESTOS NOMBRES NO PERTENECE A UN FAMOSO BOXEADOR?

- FRED GALIANA.

- LUIS FOLLEDO.

- KUBALA.

- LUIS ROMERO PÉREZ.

- MARTÍN MARCO VOTO.

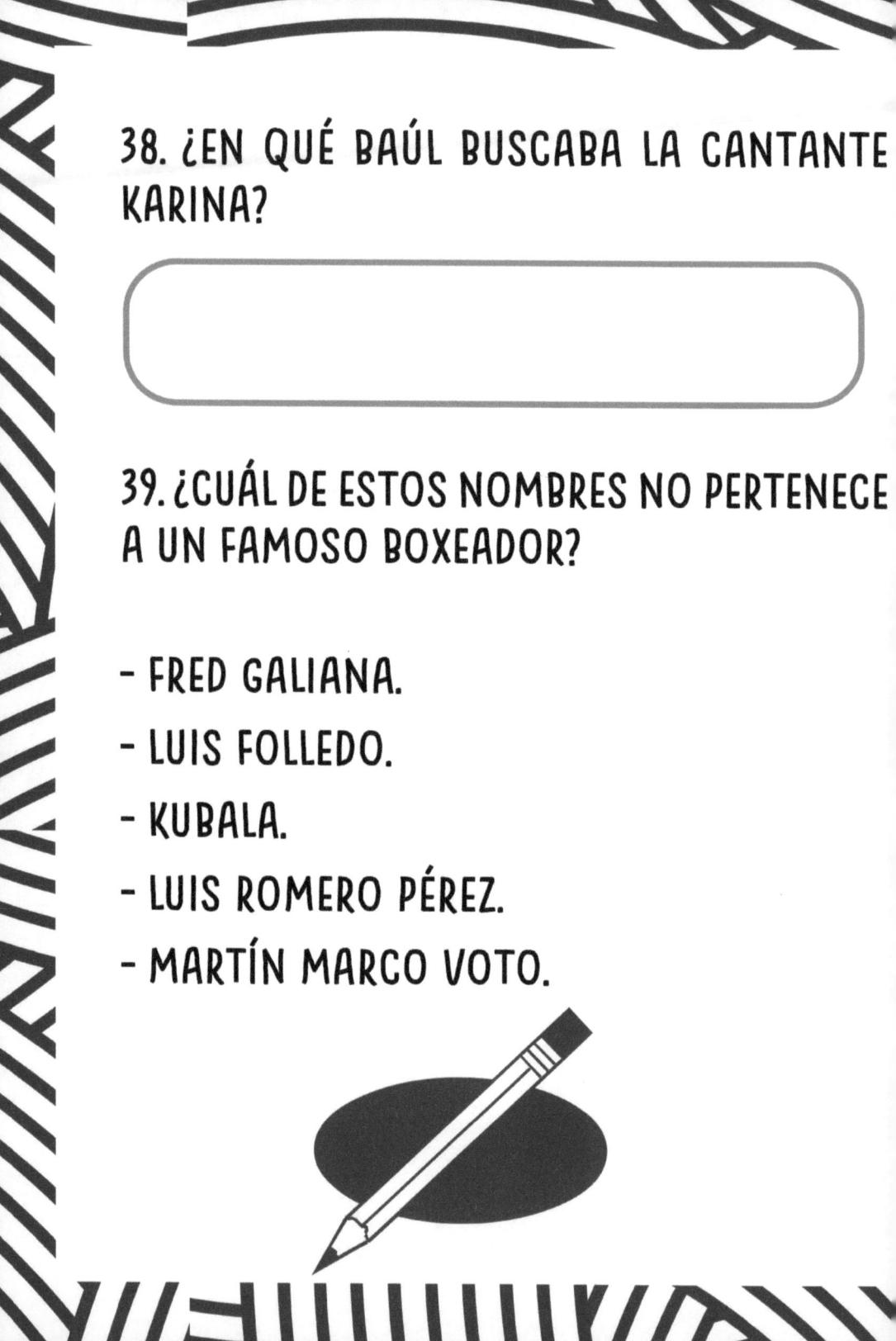

40. UNE LAS PAREJAS:

MASSIEL   ESCRITOR/A

LA REVOLTOSA   REVISTA

LA CODORNIZ   CICLISTA

CORÍN TELLADO   GASEOSA

BAHAMONTES   CANTANTE

¡Comprueba si has acertado en la siguiente página!

38. EN EL DE LOS RECUERDOS.

¿QUÉ GUARDAS CON MÁS CARIÑO EN TU BAÚL DE LOS RECUERDOS?

39. KUBALA.

KUBALA FUE UN FUTBOLISTA QUE JUGÓ EN EL FC BARCELONA.

40. PAREJAS:

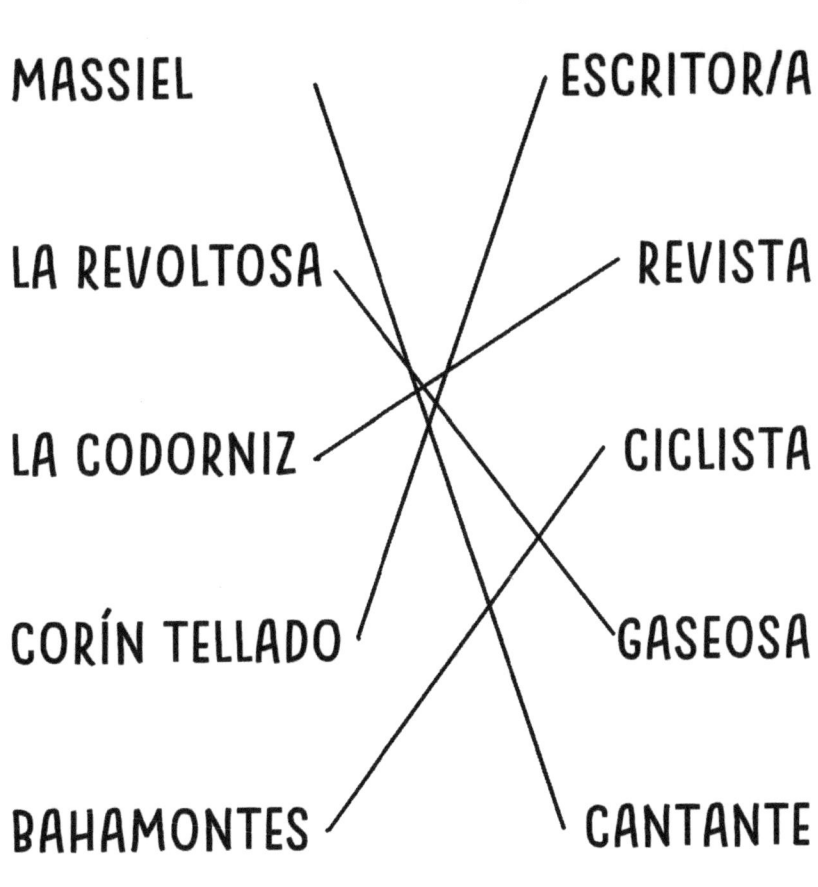

MASSIEL   ESCRITOR/A

LA REVOLTOSA   REVISTA

LA CODORNIZ   CICLISTA

CORÍN TELLADO   GASEOSA

BAHAMONTES   CANTANTE

41. ¿CÓMO CONTINÚA ESTA CANCIÓN: TERESA LA MARQUESA TIPITÍ TIPITESA, TENÍA UNA.....?

42. ¿DE QUÉ GÉNERO (COMEDIA, DRAMA O TERROR) ES LA PELÍCULA "HISTORIAS DE LA RADIO"?

43. ¿DE QUÉ FAMOSO PERSONAJE DE TEBEO ERA NOVIA SIGRID, REINA DE LA ISLA DE THULE?

- EL JABATO.
- EL CAPITÁN TRUENO.
- CARPANTA.

44. ¿CON QUÉ CANCIÓN GANÓ MASSIEL EUROVISIÓN EN EL AÑO 1968?

¡Comprueba si has acertado en la siguiente página!

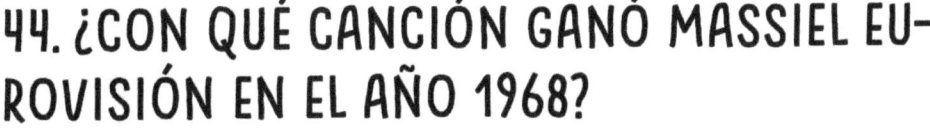

41.

**....CORONA,
TIPITÍ TIPITONA
CON CUATRO MONAGUILLOS
TIPITÍ TIPITILLOS
Y UN CURA SACRISTÁN
TIPITÍ TIPITÁ.**

¿CANTABAS ESA CANCÍON?

_____

42. COMEDIA.

"HISTORIAS DE LA RADIO" FUE ESTRENADA EN EL AÑO 1955. NARRA TRES CORTAS Y ENTRETENIDAS HISTORIAS ENTRELAZADAS BASADAS EN LOS POPULARES CONCURSOS RADIOFÓNICOS DEL MOMENTO.

43. DEL CAPITÁN TRUENO.

¿ERAS MÁS DEL CAPITÁN TRUENO O DEL JABATO? ¿Y POR QUÉ? Y SI NO LEÍAS ESOS TEBEOS ¿CUÁL DE LOS DOS ERA MÁS POPULAR ENTRE TU CÍRCULO DE AMIGOS?

44. "LA,LA,LA"

45. ¿EN CUÁL DE ESTAS PELÍCULAS NO PARTICIPÓ EL ACTOR TONY LEBLANC?

- MANOLO, GUARDIA URBANO.
- EL PISITO.
- EL TIGRE DE CHAMBERÍ.
- LOS TRAMPOSOS.

46. ¿RECUERDAS AL GRAN DÚO HUMORÍSTICO TIP Y COLL? TIP SE LLAMABA REALMENTE LUIS SÁNCHEZ POLACK ¿RECUERDAS EL NOMBRE COMPLETO DE COLL?

47. ¿CUÁL ERA EL APELLIDO DE ESTA FAMOSA MUÑECA? MARIQUITA...

- PÉREZ.
- GARCÍA.
- PÓMEZ.

48. SI TE DIGO: CLAUDIO VILLA, ADRIANO CELENTANO, DOMENICO MODUGNO, GINO PAOLI, GIGLIOLA CINQUETTI, BOBBY SOLO, MINA... ¿DE QUÉ ESTOY HABLANDO?

¡Comprueba si has acertado en la siguiente página!

45. EL PISITO.

EL PISITO FUE PROTAGONIZADA POR JOSÉ LUIS LÓPEZ VÁZQUEZ.
¿LA VISTE? ¿CUÁL ES LA PELÍCULA QUE MÁS RECUERDAS DE AQUELLA ÉPOCA?

46. JOSÉ LUIS COLL.

¿TE GUSTABAN TIP Y COLL? ¿QUIÉNES ERAN TUS HUMORISTAS PREFERIDOS?

47. PÉREZ.

POSIBLEMENTE LA MUÑECA MÁS DESEADA. SE COMENZÓ A VENDER A 85 PESETAS, POR LO QUE NO TODO EL MUNDO PODÍA TENER UNA. ¿TÚ LA TUVISTE? ¿O LA TUVO TU GRUPO DE AMIGOS O FAMILIARES?

48. DE CANTANTES ITALIANOS.

¿CUÁL ERA TU FAVORITO?

49. COMPLETA ESTA CANCIÓN:

DOS _____ PARA TI, CON ELLAS QUIERO DECIR
TE QUIERO, TE ADORO
MI VIDA PONLES TODA TU _____
PORQUE SON TU CORAZÓN Y EL MIO
DOS _____ PARA TI
QUE TENDRÁN TODO EL CALOR DE UN BESO
DE ESOS BESOS QUE TE DI
Y QUE JAMÁS ENCONTRARÁS
EN EL _____ DE OTRO QUERER
A TU LADO VIVIRÁN Y TE HABLARÁN
COMO CUANDO ESTÁS CONMIGO
Y HASTA CREERÁS QUE TE DIRÁN TE QUIERO
PERO SI UN ATARDECER LAS _____ DE MI AMOR
SE MUEREN, ES PORQUE HAN _____
QUE TU AMOR SE HA TERMINADO
PORQUE EXISTE OTRO QUERER
A TU LADO VIVIRÁN Y TE HABLARÁN
COMO CUANDO ESTÁS CONMIGO
Y HASTA CREERÁS QUE TE DIRÁN TE QUIERO
PERO SI UN ATARDECER LAS _____
DE MI AMOR SE MUEREN
ES PORQUE HAN _____ QUE TU AMOR
SE HA TERMINADO PORQUE EXISTE OTRO QUERER

50. DESDE LOS AÑOS 1954 A 1966 EN EL COLEGIO SE ESTUDIABA CON LA ENCICLOPEDIA:

- GÓMEZ.
- ÁLVAREZ.
- GONZÁLEZ.

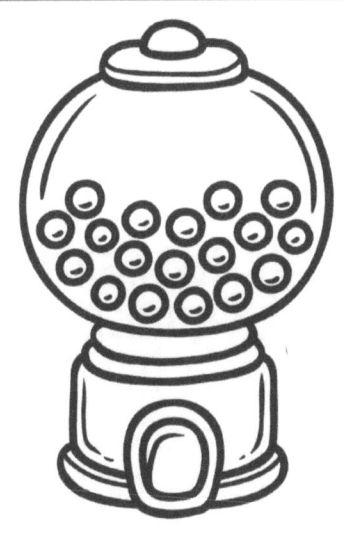

¡Comprueba si has acertado en la siguiente página!

49.

DOS GARDENIAS PARA TI, CON ELLAS QUIERO DECIR
TE QUIERO, TE ADORO
MI VIDA PONLES TODA TU ATENCIÓN
PORQUE SON TU CORAZÓN Y EL MIO
DOS GARDENIAS PARA TI
QUE TENDRÁN TODO EL CALOR DE UN BESO
DE ESOS BESOS QUE TE DI
Y QUE JAMÁS ENCONTRARÁS
EN EL CALOR DE OTRO QUERER
A TU LADO VIVIRÁN Y TE HABLARÁN
COMO CUANDO ESTÁS CONMIGO
Y HASTA CREERÁS QUE TE DIRÁN TE QUIERO
PERO SI UN ATARDECER LAS GARDENIAS DE MI AMOR
SE MUEREN, ES PORQUE HAN ADIVINADO
QUE TU AMOR SE HA TERMINADO
PORQUE EXISTE OTRO QUERER
A TU LADO VIVIRÁN Y TE HABLARÁN
COMO CUANDO ESTÁS CONMIGO
Y HASTA CREERÁS QUE TE DIRÁN TE QUIERO
PERO SI UN ATARDECER LAS GARDENIAS
DE MI AMOR SE MUEREN
ES PORQUE HAN ADIVINADO QUE TU AMOR
SE HA TERMINADO PORQUE EXISTE OTRO QUERER

50. ÁLVAREZ.

¿LA TENÍAS? ¿Y RECUERDAS EL PLUMIER, LA CARTERA DE PIEL, EL TIRALÍNEAS, EL PUPITRE DE MADERA? ¿QUÉ RECUERDOS TIENES DEL COLEGÍO? HÁBLAME TAMBIÉN DE TUS PROFESORES Y COMPAÑERO/AS MÁS QUERIDO/AS:

confía en el tiempo, que suele dar dulces salidas a muchas amargas dificultades.

51. ¿QUÉ GRUPO CANTABA: "SERÁ MARAVILLOSO, VIAJAR HASTA MALLORCA"?

- LOS MISMOS.
- LOS 3 SUDAMERICANOS.
- RAPHAEL.

52. EL "CASO JARABO" FUE MUY COMENTADO EN SU MOMENTO. ¿QUIÉN FUE JARABO?

- UN LADRÓN.
- UN ASESINO.
- UN ESTAFADOR.

53. SI TE DIGO: "UNA PERRA GORDA, UNA PERRA CHICA" ¿DE QUÉ ESTOY HABLANDO?

54. ¿QUÉ HUMORISTA ERA FAMOSO/A POR SUS ACTUACIONES CON UN TELÉFONO?

- GILA.
- TONY LEBLANC.
- LINA MORGAN.

¡Comprueba si has acertado en la siguiente página!

51. LOS MISMOS.

¿DÓNDE IBAS A VERANEAR NORMALMENTE DE PEQUEÑO/A? ¿EN QUÉ MEDIO DE TRANSPORTE VIAJABAS? ¿QUÉ VERANO FUE EL MEJOR DE TU VIDA?

52. UN ASESINO.

53. DE MONEDAS.

¿LAS RECUERDAS? ¿TE DABAN PAGA TUS PADRES? ¿EN QUÉ SOLÍAS GASTARLA?

54. GILA.

¿HABÍA TELÉFONO EN TU CASA? ¿CUÁNDO LLEGÓ? ¿QUIÉN LO USABA MÁS EN CASA?

55. ¿QUIÉN PRESENTABA EL PROGRAMA DE RADIO "USTEDES SON FORMIDABLES"?

- ALBERTO OLIVAS .
- ALBERTO OLIVERAS.
- ALBERTO OLIVILLAS.

56. ¿CUÁL DE ESTAS CANCIONES NO INTER-PRETÓ CONCHA PIQUER?

- OJOS VERDES.
- Y SIN EMBARGO, TE QUIERO.
- COMO UNA OLA.

57. COMPLETA LAS PALABRAS DE LA CANCIÓN:

YO NO MALDIGO MI _____
PORQUE MINERO NACÍ
Y AUNQUE ME _____ LA MUERTE
NO TENGO MIEDO A MORIR
NO ME DA ENVIDIA EL _____
PORQUE DE ORGULLO ME LLENA SER
EL MEJOR BARRENERO DE TODA
SIERRA MORENA, DE TODA SIERRA MORENA
BAJO A LA MINA _____ PORQUE SÉ QUE EN
EL ALTAR MI MADRE QUEDA REZANDO
POR EL HIJO QUE SE VA
Y CUANDO SIENTO UNA _____
BAJO EL VIENTO MI CANTAR
SOY MINERO
Y _____ MI CORAZÓN CON PICO Y BARRENA
SOY MINERO
Y CON CAÑA, VINO Y ____
ME QUITO LAS PENAS
SOY BARRENERO PORQUE A MI
NADA ME _____
Y SOLO QUIERO EL SONIDO DE UNA TARANTA...

55. ALBERTO OLIVERAS.

"USTEDES SON FORMIDABLES" ERA UN PROGRAMA RADIOFÓNICO QUE APELABA A LA SOLIDARIDAD CIUDADANA ANTE SITUACIONES DRAMÁTICAS, COTIDIANAS O EXCEPCIONALES. ¿LO ESCUCHABAS? ¿TE GUSTABA?

56. COMO UNA OLA.

¿TE GUSTABA LA COPLA? ¿A QUIÉN ADMIRABAS MÁS? ¿CUÁL ES TU COPLA PREFERIDA?

57. SOY MINERO.

YO NO MALDIGO MI SUERTE
PORQUE MINERO NACÍ
Y AUNQUE ME RONDE LA MUERTE
NO TENGO MIEDO A MORIR
NO ME DA ENVIDIA EL DINERO
PORQUE DE ORGULLO ME LLENA SER
EL MEJOR BARRENERO DE TODA
SIERRA MORENA, DE TODA SIERRA MORENA
BAJO A LA MINA CANTANDO PORQUE SÉ QUE
EN EL ALTAR MI MADRE QUEDA REZANDO
POR EL HIJO QUE SE VA
Y CUANDO SIENTO UNA PENA
BAJO EL VIENTO MI CANTAR
SOY MINERO
Y TEMPLÉ MI CORAZÓN CON PICO Y BARRENA
SOY MINERO
Y CON CAÑA, VINO Y RON
ME QUITO LAS PENAS
SOY BARRENERO PORQUE A MI
NADA ME ESPANTA
Y SOLO QUIERO EL SONIDO DE UNA TARANTA...

gracias
por ser
como eres